IBDP CHINESE B
LISTENING AND READING

IBDP中文B听读精练

冯薇薇（Vivienne Fung） 主编

SL 2

SinolinguA
华语教学出版社

First Edition 2020

ISBN 978-7-5138-1953-4

Published by Sinolingua Co., Ltd
24 Baiwanzhuang Street, Beijing 100037, China
Tel: (86)10-68320585, 68997826
Fax: (86)10-68997826, 68326333
http://www.sinolingua.com.cn
E-mail: hyjx@sinolingua.com.cn
Facebook: www.facebook.com/sinolingua
Printed by Dachang Rainbow Printing Co. Ltd

Printed in the People's Republic of China

前　言

人类社会步入 21 世纪，整个地球村以前所未有的速度发生着日新月异的变化，不同国家、不同地域的人们之间相互沟通和了解的需求也与日俱增。IB 语言课程的学习将语言能力的提升作为桥梁，以相互理解、团结协作、树立国际视野作为学习的终极目的，这与今日世界的全球化趋势是一致的。

为了更好地满足 IBDP 中文 B 课程师生对于阅读及听力材料的需求，我们根据 IBDP 中文科目的五大主题（身份认同、个人经历、发明创造、社会组织、共享地球）选取了一批文章，分类整理成阅读文本和听力文本，并根据 IB 新大纲（2020 年版）配以类型丰富、内容科学的练习题，进而形成了这套听读精练图书。本书每册对应 IBDP 的一个主题，每个主题分为 HL、SL 两个级别，通过有针对性的训练（听力训练的音频文件可以直接在华语教学出版社官网上下载），帮助学生在较短时间内稳步提高中文的阅读和听力理解能力。

中国是一个有着五千年历史的文明古国，也是一个焕发着勃勃生机的青春之国。为了让学习者更好地了解这个国家，本书所选取的阅读及听力文本不仅介绍了中国丰富多彩的文化传统，更介绍了今天中国社会的新鲜变化，内容涉及普通人的工作生活、科技的飞速发展、教育的改革变迁等，不仅契合 IBDP 中文 B 的五大主题，也体现了一个真实细腻的中国。通过本书，学习者不仅能提高自己中文的听读及表达能力，更能够逐步加深对中国社会的了解，进而达到 IB 所倡导的建立文化理解、培养国际视野的教育目标。

长风破浪会有时，直挂云帆济沧海。希望本书能陪伴学习 IBDP 中文 B 的学生踏上语言学习和文化沟通之路，摘取考试成功的桂冠！

目　录

夜市：最是人间烟火味

阅读文本 02

阅读练习 04

听力练习 08

听力文本

　北京烤鸭 10

练习答案 11

胡同：城市里浓浓的人情味儿

阅读文本 14

阅读练习 16

听力练习 20

听力文本

　吹糖人儿：气球之上的捏塑 22

练习答案 23

剪纸：指尖上的剪刀艺术

阅读文本 26

阅读练习 28

听力练习 32

听力文本

　花馍：蒸出来的艺术品 34

练习答案 35

苗族银饰：穿在身上的文化遗产

阅读文本 …… 38
阅读练习 …… 40
听力练习 …… 44
听力文本
重阳节：感悟中华文化，传承敬老美德 …… 46
练习答案 …… 47

中国象棋：方寸之间 金戈铁马

阅读文本 …… 50
阅读练习 …… 51
听力练习 …… 55
听力文本
年夜饭：团圆的独特味道 …… 57
练习答案 …… 59

巴扎，藏着关于新疆的故事

阅读文本 …… 62
阅读练习 …… 64
听力练习 …… 68
听力文本
“双十一”彰显中国消费能力和经济活力 …… 70
练习答案 …… 72

科尔沁：风从草原来

阅读文本 ……74
阅读练习 ……76
听力练习 ……80
听力文本
来自星星的孩子 ……82
练习答案 ……84

“野性”摄影师

阅读文本 ……86
阅读练习 ……88
听力练习 ……92
听力文本
冰雪单板梦 ……94
练习答案 ……96

“遥远来的”厦门人

阅读文本 ……98
阅读练习 ……100
听力练习 ……104
听力文本
功夫小子的电影梦 ……106
练习答案 ……108

陆文婕：从“双料女博士”到自由潜“女神”

阅读文本……110
阅读练习……112
听力练习……116
听力文本
拳击小魔女走红网络：“留守童年”可以不一样……118
练习答案……119

夜市：最是人间烟火味

阅读文本

夜市：最是人间烟火味

在中国，夏季傍晚的夜市上，人声鼎沸，这是一天之中最热闹的时刻。夜市起源于北宋的东京（今河南开封）。在那里，人们可以买卖杂货、品尝小吃、做游戏。在中国古代，夜市彻夜灯火通明，歌舞不停。到了现在，夜市依然是一个城市中最热闹的地方。中国地域宽广，因此夜市中的美食丰富多彩。在一座城市的夜市里往往能吃到最地道的本地美食。

簋街是北京最著名的美食街。傍晚过后，簋街便热闹起来。这里聚集了中国各地最有特色的小吃和美食，除了北京特色的卤煮火烧、爆肚、羊蝎子，最有名气的就是麻辣小龙虾和各种烤串，烧烤的烟火，麻辣的鲜香，让人食欲大开。在海滨城市青岛，当地人就地取材，各式各类的海鲜烹、炒、蒸、烤，总能满足人们不同的口味。“喝啤酒，吃蛤蜊”早已成为青岛美食的代名词。吹着海风，点上一盘辣炒花蛤，再配上鲜酿的冰镇啤酒，这就是青岛居民的日常生活。在中国，提到夜市小吃，最有名的美食城市就是成都，深夜里的大排档是成都人夜生活不可缺少的一部分，冷锅串串、钵钵鸡、肥肠粉、烤串……成都人无辣不欢，吃到最后，来碗冰粉、凉糕解解辣，感觉一天的疲惫都被这夜晚美好的时光赶走了。

除了各式美食小吃，夜市还有另一个迷人之处——人气。这里是平民百姓消磨夏季时光的好去处。聊得来的朋友相聚于此，谈天说地，抛开一切烦恼，吹着微风，撸起袖子，吃得汗流浃背，喝得畅快淋漓，真是又痛快又自在。夜市是中国最具烟火气的地方，这里是最生活化的存在，别有一番天地。如果你想快些融入一个城市，就到当地的夜市去逛逛吧。

阅读练习

一、根据文章的内容，从下面各题的四个选项中选出正确答案。（5分）

1. 夜市起源于中国的哪个朝代？ □

A. 北宋　　B. 唐朝

C. 明朝　　D. 清朝

2. 文中没有提到哪个城市的夜市？ □

A. 北京　　B. 南京

C. 成都　　D. 青岛

3. 在青岛的夜市中，最有名的食物是_____。 □

A. 烤羊肉串　　B. 全国各地小吃

C. 海鲜　　D. 辣的美食

4. 下列说法中正确的是_____。 □

A. 成都人不喜欢吃辣的　　B. 北京人不喜欢吃辣的

C. 簋街是北京最著名的美食街　　D. 夜市起源于北宋的长安

5. 市民们愿意去夜市消夏的原因是_____。 □

A. 品尝麻辣食物　　B. 与朋友相聚

C. 玩儿电子游戏　　D. 购买打折商品

二、从右侧选项中找出与左侧意思最接近的词。（6 分）

6.【第一段】非常热闹，像水开了一样 □ A. 起源

7.【第一段】事物产生的起因和来源 □ B. 畅快淋漓

8.【第二段】就在本地找到需要的材料，不依靠外界 □ C. 人声鼎沸

D. 就地取材

9.【第二段】上至天文，下至地理，无所不谈 □ E. 谈天说地

F. 融入

10.【第三段】流了很多汗，衣服都湿透了 □ G. 疲惫

11.【第三段】很疲劳，很累 □ H. 汗流浃背

三、根据文章第一段，回答下面的问题。（3 分）

12. 中国的夜市起源于什么地方？

____

13. 一天当中，簋街什么时间比较热闹？

____

14. 除了美食，夜市还有什么迷人之处？

____

四、根据文章内容，判断下列说法是对还是错，并用文中内容说明理由。（4分）

	对	错
15. 如果你想吃到当地最正宗的美食，就应该去夜市。 理由：________________	□	□
16. 文章介绍了开封、北京、青岛、成都四个地方的夜市美食。 理由：________________	□	□
17. 簋街美食街只卖北京最著名的小吃。 理由：________________	□	□
18. 青岛的夜市以卖海鲜为主，是因为靠海比较近。 理由：________________	□	□

五、根据文章的内容，从右边选出最合适的结尾来完成左边的短句。（7分）

19. 夏季傍晚的夜市 □
20. 人们 □
21. 在中国古代 □
22. 青岛人的日常生活 □
23. 人气 □
24. 簋街 □
25. 成都人 □

A. 夜市灯火通明，歌舞不停。
B. 是吹着海风，点上一盘辣炒花蛤，再配上鲜酿的冰镇啤酒。
C. 就地取材。
D. 是一天之中最热闹的时刻。
E. 是北京著名的美食街。
F. 可以在夜市上品尝美食，谈天说地。
G. 可以说是无辣不欢。
H. 是夜市的另外一个迷人之处。
I. 让夜市中的美食变得丰富。

听力练习

一、根据录音内容，选择正确答案。（5分）

1. 下面哪一个是文中提到的烤鸭的特别之处？ □

A. 选材　　B. 烤制方法

C. 吃法　　D. 以上都是

2. 下面哪一个是焖炉烤鸭的做法？ □

A. 鸭子身上开个洞　　B. 鸭子身上灌进开水

C. 高温，没有明火　　D. 明火烤制

3. 海外媒体介绍过哪些烤鸭的吃法？ □

A. 脆皮单吃　　B. 鸭肉炒菜

C. 荷叶饼涂蒜泥　　D. 鸭骨熬汤

4. 除了全聚德烤鸭，文中还提到哪种中国美食在海外开了分店？ □

A. 兰州拉面　　B. 小笼包

C. 炒米饭　　D. 北京小吃

5. 文中“地大物博”的意思是_____。 □

A. 博物馆的名字　　B. 地域宽广，物产丰富

C. 地质大学博物馆的简称　　D. 以上全都不对

二、根据录音内容，判断下列说法是否正确。（5 分）

6. 只有北京才有烤鸭。 □

7. 从北京烤鸭的制作，我们可以看出中国饮食多种多样。 □

8. 现在有很多中国美食名扬世界。 □

9. 全球化推动了美食的交流。 □

10. 中华美食越来越看重健康。 □

三、根据录音内容填空。（5 分）

11. 北京烤鸭是享誉世界的中国 ______。

12. 烤鸭早在 ______ 年前就出现了。

13. 海外媒体还专门介绍过烤鸭 ______ 的吃法。

14. 中国一共有川、鲁、粤、湘等 ______ 菜系。

15. 全聚德烤鸭早在 1990 年就在洛杉矶开过 ______。

听力文本

北京烤鸭

北京烤鸭是享誉世界的中国美食，早在千百年前就出现了，它的特别之处在于选材、烤制方法和吃法。比如：有的工艺是在鸭子身上开个洞，灌进开水，明火烤制；有的则是焖炉烤鸭，不见明火。不过，这只是北京烤鸭的做法，中国南方很多地区也有烤鸭，做法与北京不尽相同。不仅如此，烤鸭也有不同的吃法，有海外媒体还专门介绍过：脆皮蘸糖，鸭肉蘸酱，有些还会在荷叶饼上涂上蒜泥。中国饮食精细、丰富的特色通过烤鸭可见一斑。

中国地大物博，不同地区气候、自然环境的差异，不仅使烤鸭有不同的做法，更诞生出各有千秋的川、鲁、粤、湘等八大菜系。中国不同地域的交流、融合，通过饮食文化也传承了下来。

其实，北京烤鸭很早就走向世界了，比如，老字号全聚德早在1990年就曾在美国洛杉矶开过分店。而现在中国美食已经名扬世界，兰州拉面、沙县小吃、黄焖鸡米饭，这些中华美食的海外分店遍布世界各地。在全球化背景下，这种交流变得容易得多，中华美食的丰富性、健康性也在不断进化。

练习答案

阅读

1. A　2. B　3. C　4. C　5. B

6. C　7. A　8. D　9. E　10. H　11. G

12. 北宋的东京（今河南开封）

13. 傍晚

14. 人气

15. 对。在一座城市的夜市里往往能吃到最地道的本地美食。

16. 错。文章并没有介绍开封美食。

17. 错。在簋街能吃到全国各地的小吃。

18. 对。海滨城市青岛，可以就地取材。

19. D　20. F　21. A　22. B　23. H　24. E　25. G

听力

1. D　2. C　3. D　4. A　5. B

6. 错　7. 对　8. 对　9. 对　10. 对

11. 美食　12. 千百　13. 不同　14. 八大　15. 分店

胡同：城市里浓浓的人情味儿

阅读文本

胡同：城市里浓浓的人情味儿

胡同，是北京人对小巷的特有叫法，是北京著名的城市符号，记载着老北京人的生活记忆。胡同的历史很悠久，从元朝开始算起，至今已有七百多年的历史。北京的胡同在最多的时候有六千多条，如果将它们首尾相连，长度可以比肩万里长城。胡同里的建筑大多是四合院，四合院是一种由房屋围起来的四四方方的建筑物，体现了中国古代“天圆地方”的思想。胡同里还有不少非常具有特色的摆设，比如，在一些大四合院，会有“上马石”左右对称地摆在宅门两侧，这是古代人骑马外出时用来上马、下马的石头。胡同也是文化艺术发展的见证者，在不起眼的小街巷里，曾居住过很多名人：京剧大师梅兰芳，国画大师齐白石，作家鲁迅、茅盾、老舍等。这些名人故居也是一笔笔宝贵的文化财富。

如果说故宫、天坛、颐和园是皇家文化的象征，那么胡同则是平民文化的代表。“胡同”一词源自蒙古语，有水井的意思。在古代，水井是居民与左邻右舍谈天说地、拉近感情的社交场所。浓浓的人情味是胡同的精神内涵。现如今，随着北京城市规划建设的发展，许多破旧的胡同和四合院渐渐被高楼大厦所取代。不过，北京仍然有不少胡同保存完好，人们还保留着从前的生活方式。孩子们在胡同里玩儿捉迷藏，长辈们围坐着下象棋。这里没有车水马龙的喧闹，有的是亲切融洽的邻里关系。对于北京人来说，胡同深处就是温暖的家，是小时候的珍贵记忆。

胡同的魅力也逐渐走向世界。穿梭在胡同里的黄包车成为北京旅游的一张新名片。穿着黄马甲的黄包车夫用字正腔圆的北京话，风趣幽默地为游客讲述北京的历史典故、风景名胜。一路上，游客感受着老北京的文化，就如同穿越了时光。在南锣鼓巷、五道营等胡同还有许多个性化店铺，来自不同国家的店主在古香古色的四合院里售卖创意产品，古典与时尚、东西方文化在这里和谐共生。

阅读练习

一、根据文章的内容，从下面各题的四个选项中选出正确答案。（5分）

1. 胡同是哪个城市对小巷特有的叫法？ □

A. 南京　　B. 北京

C. 东京　　D. 上海

2. 胡同的历史可以追溯到_____。 □

A. 唐朝　　B. 宋朝

C. 元朝　　D. 明朝

3. 下面哪一个是四合院的特征？ □

A. 四四方方的建筑物　　B. 体现了“天方地圆”的思想

C. 所有的四合院都有上马石　　D. 居民都是不起眼的人

4. 能代表平民文化的历史特色建筑是_____。 □

A. 故宫　　B. 天坛

C. 胡同　　D. 颐和园

5. 关于胡同，理解错误的一项是_____。 □

A. 可以看到孩子们捉迷藏　　B. 保留着车水马龙的喧闹

C. 可以买到创意产品　　D. 有载着游客往来的黄包车

二、从右侧选项中找出与左侧意思最接近的词。（5 分）

6.【第一段】可以与之相比，地位等同 □

7.【第一段】很普通，不能引起人们的关注 □

8.【第二段】住在周围的邻居们 □

9.【第二段】感情好，没有隔阂 □

10.【第三段】字音准确，腔调圆润，发音很标准 □

A. 见证

B. 人情味儿

C. 字正腔圆

D. 比肩

E. 风景名胜

F. 不起眼

G. 融洽

H. 左邻右舍

三、根据文章第二段，回答下面的问题。（3 分）

11. “胡同”一词源自于什么语言？

____

12. 上马石是做什么用的？

____

13. 胡同的精神内涵是什么？

____

四、根据文章内容，判断下列说法是对还是错，并用文中内容说明理由。（5分）

	对	错
14. 现在北京的胡同也有六千多条。 理由：________________	□	□
15. 每个胡同都有一口水井。 理由：________________	□	□
16. 现在已经没有居民住在胡同里了。 理由：________________	□	□
17. 胡同体现了融洽的邻里关系。 理由：________________	□	□
18. 如果想了解胡同，可以去坐胡同里的黄包车。 理由：________________	□	□

五、根据文章的内容，从右边选出最合适的结尾来完成左边的短句。（5分）

19. 来自不同国家的店主 □
20. 破旧的四合院 □
21. 孩子们 □
22. 胡同 □
23. 黄包车夫 □

A. 也是文化艺术发展的见证者。
B. 在胡同里玩儿捉迷藏。
C. 渐渐被高楼大厦所取代。
D. 在古香古色的四合院里售卖创意产品。
E. 风趣幽默地为游客讲述胡同的故事。
F. 是用来上马下马的石头。
G. 与左邻右舍谈天说地。
H. 感受老北京文化。

听力练习

一、根据录音内容，选择正确答案。（5分）

1. 关于吹糖人儿，下面哪种说法是错的？ □

A. 可以像吹气球一样，吹气膨胀　　B. 像做雕塑一样，捏塑成形

C. 像普通糖果，可以品尝　　D. 像画画儿一样，色彩丰富

2. 吹糖人儿的原料是什么？ □

A. 糖稀　　B. 水果糖

C. 白糖　　D. 棉花糖

3. 吹糖师傅长方柜子里的火炉是做什么用的？ □

A. 饿的时候可以做饭　　B. 冷的时候可以取暖

C. 不让糖稀变硬　　D. 吸引小朋友

4. 下面哪一项不是糖人儿的常见造型？ □

A. 机器猫　　B. 孙悟空

C. 猪八戒　　D. 十二生肖动物

5. 孩子们为什么喜爱吹糖人儿？ □

A. 制作过程生动有趣　　B. 可以打发时间

C. 可以学做糖人儿　　D. 可以参加表演

二、根据录音内容，判断下列说法是否正确。（5 分）

6. 制作糖人儿的糖稀不需要加热。 □

7. 制作糖稀的材料是蔗糖和葡萄糖。 □

8. 糖人儿的造型只能是人，不能是动物。 □

9. 孙悟空的糖人儿造型很受小朋友们喜爱。 □

10. 糖人儿都是现场制作的。 □

三、根据录音内容填空。（5 分）

11. 糖人儿像普通糖果一样可以________。

12. 吹糖人儿就像吹________一样，一吹就膨胀。

13. 炉子上________一口小锅，锅里就是一直保持加热的糖稀。

14. 吹糖师傅走街串巷，肩上________着一个担子。

15. 孙悟空、猪八戒等是来自________的人物造型。

听力文本

吹糖人儿：气球之上的捏塑

吹糖人儿，像吹气球一样，可以吹气膨胀；又像做雕塑一样，捏塑成型；糖人儿像普通糖果一样，可以品尝。它是很多中国人的童年记忆，也是一门独特的民俗技艺。

吹糖人儿的小摊前常常围满了大大小小的孩子，观看吹糖师傅表演吹糖人儿。吹糖师傅可以把绵软的糖稀变成各种各样的糖人儿。孩子们可以把它拿在手中把玩，还可以品尝它的美味，而且糖人儿的制作过程也充满了欢乐与趣味。

吹糖人儿的原料——“糖稀”，是由蔗糖和麦芽糖加热调制而成的。吹糖师傅要在现场制作糖人儿，所以“糖稀”需要时刻保持绵软的状态。以前，吹糖师傅走街串巷，肩上挑着一个挑子，挑子的一边是一个带架的长方柜，里面有一个小火炉，炉子上放着一口小锅，锅里就是一直在保持加热的糖稀。

吹糖人儿的名字里虽然有“人”，但是糖人儿的造型还是以各种动物为主，最常见的有猪、牛、羊、龙等十二生肖形象，而最受欢迎的则是来自于《西游记》中的唐僧、孙悟空、猪八戒等形象。

练习答案

阅读

1. B　2. C　3. A　4. C　5. B

6. D　7. F　8. H　9. G　10. C

11. 蒙古语

12. 古人骑马外出时上下马用的石头

13. 浓浓的人情味儿

14. 错。胡同最多的时候有六千多条，现在已经拆了很多了。

15. 错。胡同有水井的意思，但并不是每个胡同都有水井。

16. 错。还有不少胡同保存完整，人们保留着从前的生活方式。

17. 对。胡同有的是亲切的邻里关系。

18. 对。黄包车夫可以给你讲解胡同的故事。

19. D　20. C　21. B　22. A　23. E

听力

1. D　2. A　3. C　4. A　5. A

6. 错　7. 错　8. 错　9. 对　10. 对

11. 品尝　12. 气球　13. 放着　14. 挑　15.《西游记》

剪纸：指尖上的剪刀艺术

阅读文本

剪纸：指尖上的剪刀艺术

阳光透过明亮的玻璃，红色剪纸窗花贴在窗户正中间，红红火火，格外喜庆。每逢春节，中国人都喜欢贴上窗花，寄托辞旧迎新、吉祥如意的美好愿望。窗花是中国剪纸艺术中最普及的一种，其他品种都是在窗花的基础上发展起来的。剪纸艺术是中国民间流行的一种用剪刀或刻刀在纸上剪刻花纹，用于装饰或配合其他民俗活动的艺术形式，历史悠久，流传广泛。

剪纸作为一种传统的民俗艺术形式，在中华大地上已经流传了千年之久。汉代，“纸”的发明促使了剪纸的出现、发展与普及。到了唐宋时期，剪纸的种类越来越丰富，极富装饰意味的“窗花”“礼花”“灯花”在宋代出现。明清两代是剪纸发展的鼎盛期，剪纸的装饰功能较为突出，已经融入人们的日常生活。

人们凭借自己的聪明才智，在长期的艺术和生活实践中，将剪纸这门艺术形式发展得日趋完善，形成了以剪刻、镂空为主的多种技法，并把剪纸的线条归纳为五个字：圆、尖、方、缺、线，要求达到“圆如秋月、尖如麦芒、方如青砖、缺如锯齿、线如胡须”。可以说，线条是剪纸造型的基础。中国民间剪纸从色彩来划分，可以分为单色剪纸和彩色剪纸，单色剪纸一般为红色，因为中国人认为红色代表好运和吉祥。每逢过节或新婚喜庆，人们便将美丽鲜艳的剪纸贴在家中的窗户、墙壁、门和灯笼上，节日的气氛也更加热烈。

剪纸的题材十分广泛，如花、鸟、老虎、人、汉字等，都可以在剪纸中看到。这些题材背后蕴藏着深厚的文化底蕴，多以“寓意”的形式呈现，表达人们纳吉祈福的美好愿望。比如，牡丹花象征富贵，荷花象征平安，菊花象征长寿，等等。婚礼上的“囍”字不但可以张贴在门窗上，还可以贴在家具、被褥等各种器物上，并配以各种吉祥的图案，如“龙凤呈祥”“双龙戏珠”，以此来表达对新人幸福美满、早生贵子的祝福。

阅读练习

一、根据文章的内容，从下面各题的四个选项中选出正确答案。（5分）

1. 剪纸艺术常用的工具是______。 □

A. 毛笔　　B. 针线

C. 刻刀　　D. 调色盘

2. 造纸术发明于______。 □

A. 唐朝　　B. 宋朝

C. 汉朝　　D. 明朝

3. 唐宋时期的剪纸种类不包括______。 □

A. 窗花　　B. 礼花

C. 灯花　　D. 头花

4. 单色剪纸一般使用什么颜色的纸？ □

A. 白色　　B. 绿色

C. 红色　　D. 黑色

5. 关于剪纸的寓意，下列哪种说法是正确的？ □

A. 荷花象征长寿　　B. 菊花象征平安

C. “囍”字象征丰收　　D. 牡丹象征富贵

二、从右侧选项中找出与左侧意思最接近的词。（4 分）

6.【第一段】告别旧的一年，迎来新的一年 □

7.【第二段】几乎到了最顶端的盛世，非常繁荣 □

8.【第四段】寄托和蕴含的意义 □

9.【第四段】祝愿夫妇早生男孩儿 □

A. 鼎盛

B. 早生贵子

C. 花开富贵

D. 辞旧迎新

E. 器物

F. 寓意

三、根据文章第二段，回答下面的问题。（4 分）

10. 剪纸艺术有多久的历史？

____

11. 中国人为什么喜欢贴窗花？

____

12. 在哪个朝代，剪纸种类变得多样化？

____

13. 剪纸艺术的最鼎盛时期在哪些朝代？

____

四、根据文章内容，判断下列说法是对还是错，并用文中内容说明理由。（5 分）

	对	错
14. 窗花是剪纸艺术最普及的品种，其他品种皆由窗花发展而来。 理由：________________	□	□
15. 剪纸艺术不太注重线条。 理由：________________	□	□
16. 所有剪纸都是红色的，因为红色代表好运和吉祥。 理由：________________	□	□
17. “囍”字只能贴在门上。 理由：________________	□	□
18. 剪纸的题材一般只有汉字。 理由：________________	□	□

五、根据文章的内容，从右边选出最合适的结尾来完成左边的短句。（5分）

19. 中国人 □
20. 贴窗花 □
21. 牡丹 □
22. “囍”字 □
23. 纸的发明 □

A. 蕴藏着深厚的文化底蕴。
B. 不仅可以贴在门窗上，还可以贴在家具和被褥上。
C. 认为红色代表好运和吉祥。
D. 从色彩来划分。
E. 有辞旧迎新、接福纳祥的美好愿望。
F. 流传了千年之久。
G. 促使了剪纸艺术的产生。
I. 融入人们的日常生活。
J. 象征着富贵。

听力练习

一、根据录音内容，选择正确答案。（5分）

1. 花馍的原意是______。 □

A. 用花做的馒头　　B. 把馒头做出各种花样

C. 馒头里有花　　D. 以上都错

2. 哪个地区的花馍最有文化底蕴？ □

A. 北京　　B. 广东

C. 山西　　D. 东北

3. 花馍的传承被称为______。 □

A. 指尖上的艺术　　B. 舌尖上的美食

C. 心尖上的情节　　D. 母亲的艺术

4. 花馍的制作过程中不包含哪种感情？ □

A. 亲情　　B. 友情

C. 爱情　　D. 邻里之情

5. 哪一个是女儿出嫁的时候制作的花馍？ □

A. 面猪　　B. 面狗

C. 面鱼　　D. 面鸡

二、根据录音内容，判断下列说法的对错。（5分）

6. 花馍起源于中国古代的祭祀活动。 □

7. 中国各地都流行做花馍。 □

8. 谁家有重要的事，村里的女人会帮助他们一起做花馍。 □

9. 春节要做寿桃。

10. 陪嫁用的老虎头象征多子多孙。 □

三、根据听到的内容填空。（5分）

11. 馒头，是中国特色传统面食_____。

12. 花馍具有食用、_____、礼仪这三大功能。

13. 黄河两岸的人们用花馍传承着对子孙、对_____的真情。

14. 人们会根据不同的节日和用途做出_____形式的花馍。

15. 老人祝寿用的“大寿桃”象征_____。

听力文本

花馍：蒸出来的艺术品

馒头，又叫“馍”，是中国特色传统面食之一。每逢节日，人们把馒头做出各色花样来表达希望和祝福，这就是“花馍”。花馍起源于中国古代的祭祀活动，那时，人们用面捏塑动物来代替宰杀牛羊，后来，慢慢演变成蒸花馍。花馍造型生动、夸张，制作精巧细腻。而流传于黄河两岸的山西、陕西、山东、河南等地的花馍文化底蕴最为深厚。

花馍具有食用、观赏、礼仪这三大功能，是指尖上的艺术、舌尖上的美食、心尖上的情结。黄河两岸的人们世世代代用花馍这一无声的语言文化，传承着对子孙、对生活的真情。花馍的传承是“母亲的艺术”。过去，每家每户有婚丧嫁娶之事，村里的女人们都会围坐在一起互相帮忙做花馍。花馍的制作过程中既包含了亲情、友情、邻里之情，也包含了大量的民间美术元素在里边。

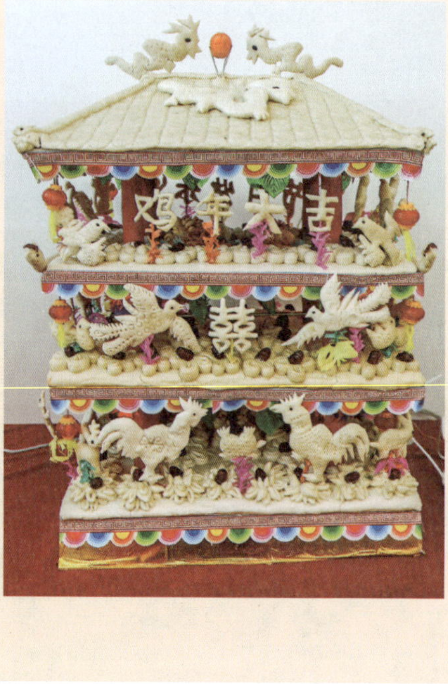

人们还会根据不同的节日和用途制作出各种形式的花馍。如，春节会蒸大馒头、枣花；正月十五会做面盏、面狗、面鸡、面猪等；女儿出嫁时会给娘家送“面鱼”，象征婚后的幸福美满；女儿出嫁作陪嫁用的“老虎头”象征多子多孙；寒食节上坟时用“蛇盘盘”以示消灾；老人祝寿用“大寿桃”象征长命百岁，等等。

练习答案

阅读

1. C 2. C 3. D 4. C 5. D

6. D 7. A 8. F 9. B

10. 流传了千年之久

11. 寄托辞旧迎新、吉祥如意的美好愿望

12. 唐宋

13. 明清

14. 对。窗花是中国剪纸艺术中最普及的一种，其他品种都是在窗花的基础上发展起来的。

15. 错。窗花的线条可以归纳为五点。

16. 错。单色剪纸一般为红色。

17. 错。还可以贴在家具、被褥等各种器物上。

18. 错。还有花鸟等。

19. C 20. E 21. J 22. B 23. G

听力

1. B 2. C 3. D 4. C 5. C

6. 对 7. 错 8. 对 9. 错 10. 对

11. 之一 12. 观赏 13. 生活 14. 各种 15. 长命百岁

苗族银饰：穿在身上的文化遗产

阅读文本

苗族银饰：穿在身上的文化遗产

苗族是居住在中国西南部村寨的少数民族，苗族姑娘不仅能歌善舞，她们的节日盛装上那满身的银饰也非常引人瞩目。苗族姑娘为何钟爱银饰？这要从苗族的历史说起。相传在中国古代，苗族人曾居住在长江中下游及黄河流域一带，为了躲避长年的战乱，全民族进行了数次大迁徙，最后定居在中国的西南地区。在迁徙过程中，苗族人把家产换成银子，打造成银器方便戴在身上。他们认为银器可以去毒，让家人远离灾难。如今，苗族人已经过上安居乐业的生活，但银饰仍然是他们生活中不可或缺的一部分。每逢节日庆典、婚姻嫁娶的重要时刻，苗族姑娘就会从头到脚穿戴上银角、银链、银圈、银衣、银镯等银饰。这一身行头少则七八斤，多则二三十斤。但苗族姑娘并不觉得繁重，她们认为这是自己最美的时刻。

银饰的造型和图案展示了苗族人的图腾崇拜。银角是苗族人最重要的银饰。它犹如一对伸展的大水牛角，高度几乎是佩戴者身高的一半。这个奇特的造型来源于苗族祖先蚩尤的形象，佩戴银角是为了纪念祖先，希望获得保佑。除了蚩尤，苗族人还把蝴蝶尊称为“蝴蝶妈妈”，把枫树看作是神树。所以，蝴蝶和枫树也是苗族银饰里最常见的图案。由于大迁徙，苗族人的文字逐渐丢失，除了山歌和口口相传，他们还通过服装上的刺绣、银饰图案来传承自己的历史文化，所以银饰被称为苗族“穿在身上的史诗”。

苗族姑娘身上美丽的银饰，少不了银匠巧夺天工的手艺。苗族银饰锻制工艺是世代相传的。由于生产条件的限制，工匠对银饰的加工过程全靠手工，因而练就了高超的技艺，甚至能拉出比头发还细的银丝，这使得每一件银饰都是独一无二的精工之作。经过祖祖辈辈的积累和流传，许多苗族姑娘都拥有一套自己的银饰。她们头饰上的银片颤动发出的沙沙声，胸前项圈的叮当撞击声，是节日里必不可少的音乐。一件小小的饰品，不仅仅是单纯的工艺品，还是苗族历史文化的印记，凝聚了苗族的民族灵魂。

阅读练习

一、根据文章的内容，从下面各题的四个选项中选出正确答案。（5分）

1. 钟爱银饰的少数民族是_____。 □

A. 苗族　　B. 回族

C. 汉族　　D. 满族

2. 苗族人现定居于中国的什么地方？ □

A. 西北地区　　B. 东南地区

C. 西南地区　　D. 东北地区

3. 苗族银饰最重要的造型是_____。 □

A. 枫叶　　B. 蝴蝶

C. 银角　　D. 祖先

4. 银角的造型来源于_____。 □

A. 大水牛角　　B. 蚩尤

C. 蝴蝶妈妈　　D. 神树

5. 苗族传承历史的方式不包括_____。 □

A. 山歌和口传　　B. 刺绣和银饰

C. 文字　　D. 史诗

二、从右侧选项中找出与左侧意思最接近的词。（5分）

6.【第一段】非常吸引别人的注意 □

7.【第一段】安定和愉快的生活和工作 □

8.【第一段】非常重要，无法代替和缺少 □

9.【第三段】工艺十分巧妙 □

10.【第三段】唯一的，没有相同的 □

A. 独一无二
B. 不可或缺
C. 巧夺天工
D. 世代相传
E. 引人瞩目
F. 节日盛装
G. 安居乐业
H. 文化印记

三、根据文章第一段，回答下面的问题。（4分）

11. 苗族人为什么要进行大迁徙？

____

12. 迁徙的时候，苗族人的家产怎么带走？

____

13. 苗族人认为银饰和他们的生活是什么关系？

____

14. 最重的一套银饰有多重？

____

四、根据文章内容，判断下列说法是对还是错，并用文中内容说明理由。（4 分）

	对	错
15. 苗族姑娘日常生活中也要从头到脚穿着银饰。 理由：______________________________	□	□
16. 银饰的图案和造型显示了苗族人对图腾的崇拜。 理由：______________________________	□	□
17. 对苗族人来说，银角是一个很小但非常重要的银饰。 理由：______________________________	□	□
18. 银饰是用机器打造的。 理由：______________________________	□	□

五、根据文章的内容，从右边选出最合适的结尾来完成左边的短句。（7分）

19. 苗族人	□	A. 手艺高超。
		B. 被苗族人当作神树。
20. 这一身行头	□	C. 居住在中国西南部村寨的少数民族。
21. 银匠	□	D. 满身的银饰也非常引人瞩目。
		E. 最少也有七八斤。
22. 枫树	□	F. 犹如一对伸展的大水牛角。
23. 许多苗族姑娘	□	G. 都有一套属于自己的银饰。
		H. 曾聚居于长江中下游。
24. 银角	□	I. 是节日里必不可少的音乐。
25. 制造银饰的手艺	□	J. 是世世代代相传的。

听力练习

一、根据录音内容，选择正确答案。（5 分）

1. 下面哪一个不是重阳节的风俗习惯？ □

A. 登高　　B. 赏菊

C. 插茱萸　　D. 吃饺子

2. 重阳节喝的吉祥酒是什么酿造的？ □

A. 菊花　　B. 茱萸

C. 重阳糕　　D. 秋粮

3. 茱萸是什么？ □

A. 草药　　B. 花

C. 树　　D. 果实

4. 茱萸的味道是_____。 □

A. 臭　　B. 酸

C. 甜　　D. 香

5. 一般认为重阳节是什么人的节日？ □

A. 儿童　　B. 情人

C. 老人　　D. 青年

二、根据录音内容，判断对错。（5 分）

6. 在中国南方，吃重阳糕的习俗盛行。 □

7. “糕”的谐音是“高”，所以吃重阳糕可以长高个子。 □

8. 重阳节这一天要去赏梅花。 □

9. 重阳节插茱萸有驱虫去湿等功能。 □

10. 重阳节也是敬老爱老的节日。 □

三、根据录音内容填空。（5 分）

11. 吃重阳糕最早是为了________秋粮丰收。

12. 中国人历来就有________菊花的风俗。

13. 在中国人眼中，菊花________长寿。

14. 人们走进花海，欣赏________多姿的菊花。

15. 在中国古代，人们认为九月初九是逢凶日，_____灾_____难。

听力文本

重阳节：感悟中华文化，传承敬老美德

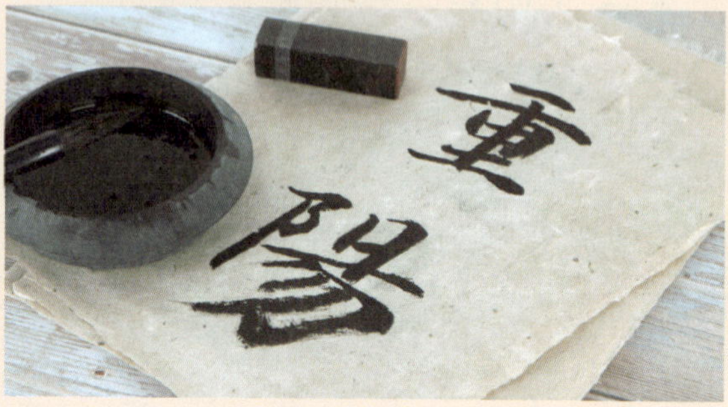

每年农历九月初九，是中国的传统节日“重阳节”。中国人在这一天有登高的习俗，所以重阳节又被称为“登高节”。

与登高相呼应，重阳节这一天人们还有吃重阳糕的习俗，因为“糕”和“高”谐音。作为节日食品，吃重阳糕最早是为了庆祝秋粮丰收、喜尝新粮，之后民间就有了登高吃糕，取步步高升的吉祥之意。在中国北方，吃重阳糕的风俗非常盛行。

重阳节在秋天，中国人历来就有秋季赏菊花的风俗，所以重阳节又被称为“菊花节”。在很多地方，临近重阳节都会举办菊花大会，人们走进花海，欣赏美丽多姿的菊花。在中国人眼中，菊花象征着长寿。用菊花酿制的美酒，则被看成是重阳必饮、祛灾祈福的“吉祥酒”。

中国人还有重阳节插茱萸的习俗，所以重阳节又叫作“茱萸节”。茱萸是一种草药，它香味浓，有驱虫去湿、逐风邪的作用，还能消积食，治寒热。中国古人认为九月初九是逢凶之日，多灾多难，所以在重阳节人们喜欢佩带茱萸以辟邪求吉。

重阳节也是敬老、爱老的节日，中国人自古以来奉行的是“百善孝为先”，从历史文化传承来说，尊老、敬老、爱老是中华民族的传统美德。

练习答案

阅读

1. A　2. C　3. C　4. B　5. D

6. E　7. G　8. B　9. C　10. A

11. 躲避常年的战争

12. 打成银饰戴在身上

13. 是不可或缺的一部分

14. 二三十斤

15. 错。每逢节日庆典、婚姻嫁娶的重要时刻，会佩戴银饰。

16. 对。银饰的造型和图案展示了苗族人的图腾崇拜。

17. 错。银角很大，差不多有佩戴者身高的一半。

18. 错。由手工打造的。

19. G　20. E　21. A　22. B　23. G　24. F　25. J

听力

1. D　2. A　3. A　4. D　5. C

6. 错　7. 错　8. 错　9. 对　10. 对

11. 庆祝　12. 赏　13. 象征着　14. 美丽　15. 多　多

中国象棋：方寸之间　金戈铁马

阅读文本

中国象棋：方寸之间　金戈铁马

中国象棋是一种二人对抗的棋类游戏，历史悠久。由于用具简单，趣味性强，中国象棋自古以来就是一种极为流行的棋艺活动。“象棋”的说法最早见于秦汉时期，“象”是“象征”之意，表明象棋“象征”沙场上的战斗，横亘棋盘中间的边界被称为“楚河汉界”，这是受到“楚汉争霸，划鸿沟为界”的历史的影响。这同样也印证了象棋起源的军事背景。

象棋对弈犹如两军对阵，双方各执16个棋子，分为将(帅)、车、马、炮等7个兵种，组成完整的军阵，隔“楚河汉界”排布。每种棋子都有不同的属性，如将(帅)和士只能在自己一方的大本营活动，卒只能前进不能后退，马走两个方格的对角，而炮则必须隔着一枚棋子才能攻击另一枚棋子。对不同兵种各自属性的合理利用，会变幻出无数的战术，可以锻炼棋手的战争谋略；而不同棋子的配合可以在棋盘上的任何一个位置掀起波澜，这又要求棋手能够有通盘考虑的全局性战略眼光。象棋获胜的唯一标准是杀死对方的主将(帅)，这体现了中国人“擒贼先擒王”的战争观念，即无论双方实力对比如何，率先擒杀对方主将往往都会获得战争的胜利，这种案例在历史上屡见不鲜。

在中国古代，象棋被列为士大夫们的修身之艺。它的流行也在中国文化中留下了深刻的烙印，很多今天常用的俗语和成语都来源于象棋。如“将军”，原指行棋时攻击对方的“将(帅)”，后用来表示利用某事或某物使某人一下子处于相当被动难堪的境地。又如“弃车保帅”，在“帅”和“车”都受到威胁之时舍弃“车”，后被用来比喻舍弃重要的东西以保护更重要的东西。

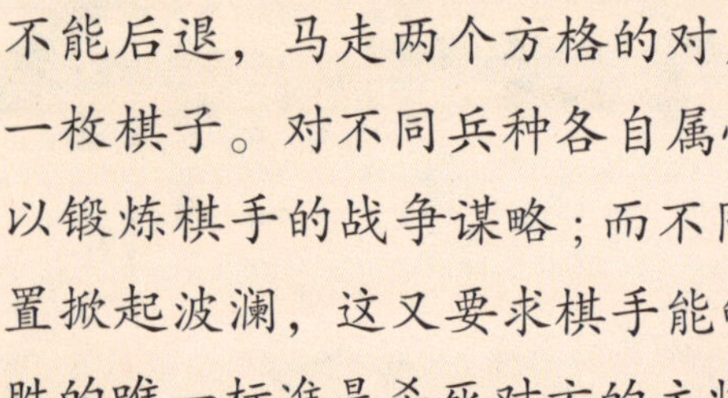

阅读练习

一、根据文章的内容，从下面各题的四个选项中选出正确答案。（5分）

1. 下面哪一个是中国象棋的特点？ □

A. 用具复杂　　B. 趣味性不强

C. 现在已经不太流行　　D. 二人对抗

2. 象棋的说法最早出现在什么时期？ □

A. 春秋时期　　B. 秦汉时期

C. 唐宋时期　　D. 明清时期

3. 只能在大本营活动的棋子是_____。 □

A. 车　　B. 马

C. 帅　　D. 卒

4. 象棋的获胜标准是_____。 □

A. 杀死对方主帅　　B. 进入对方大本营

C. 杀死对方所有棋子　　D. 所剩棋子多过对方

5. 只能前进不能后退的棋子是_____。 □

A. 车　　B. 马

C. 象　　D. 卒

二、从右侧选项中找出与左侧意思最接近的词语。（4 分）

6.【第一段】楚汉争霸时期，刘邦与项羽划定的势力边界	□	A. 楚汉争霸
		B. 擒贼先擒王
7.【第一段】产生的变化如同翻起了巨大波浪一样	□	C. 战争谋略
		D. 楚河汉界
8.【第一段】要制服敌方，首先要抓住对方的主将	□	E. 屡见不鲜
		F. 掀起波澜
9.【第一段】常常见到，并不新奇	□	G. 变幻

三、根据文章第二段，回答下面的问题。（4 分）

10. 在象棋中一共有多少个棋子？多少个兵种？（2 分）

棋子：________________________________

兵种：________________________________

11. “炮”有什么样的属性？

____

12. 象棋体现了古代中国人的哪种战争观念？

____

四、根据文章内容，判断下列说法是对还是错，并用文中内容说明理由。（5 分）

对　错

13. 象棋产生的军事背景是楚汉争霸。 □ □

理由：

____

14. “马”可以走直线。 □ □

理由：

____

15. “将（帅）”可以进入对方阵营杀敌。 □ □

理由：

____

16. 敌方进攻到我方阵营时，“卒”可以撤退回来防守。 □ □

理由：

____

17. “将军”表示直接攻击对方的主帅。 □ □

理由：

____

五、根据文章的内容，从右边选出最合适的结尾来完成左边的短句。（5分）

18. 每种棋子 □
19. 象棋是 □
20. 擒贼先擒王 □
21. 棋手应该有 □
22. 弃车保帅 □

A. 表明象棋“象征”沙场上的战斗。
B. 比喻舍弃重要的东西以保护更重要的东西。
C. 印证了象棋起源的军事背景。
D. 是获得战争胜利的关键。
E. 一种二人对抗的棋类游戏。
F. 变幻出无数的战术。
G. 通盘考虑全局的战略性眼光。
H. 锻炼棋手的战争谋略。
I. 都有不同的属性。

听力练习

一、根据录音内容，选择正确答案。（5 分）

1. 年夜饭是中国哪一个节日的重头戏？ □

A. 中秋节　　B. 春节

C. 端午节　　D. 元宵节

2. 中国的人口是多少？ □

A. 10 亿　　B. 3 亿

C. 13 亿　　D. 31 亿

3. “年”在中国古代神话中是什么？ □

A. 怪兽　　B. 迷信

C. 祖先　　D. 宠物

4. 代表“年年有余”的食物是_____。 □

A. 汤圆　　B. 年糕

C. 饺子　　D. 鱼

5. 象征团团圆圆的食物是_____。 □

A. 汤圆　　B. 饺子

C. 年糕　　D. 鱼

二. 根据录音内容，判断对错。（5 分）

6. 年夜饭是在中国上古时代就有的习俗。 □

7. 至今人们仍然相信“年”兽的存在。 □

8. 年夜饭一定要有非常多的美食。 □

9. 中国各地年夜饭的饮食习惯都是一样的。 □

10. 大家都希望吃饺子时能吃到硬币，代表有好运。 □

三、根据录音内容填空。（5 分）

11. 年夜饭承载了中国人对_______的情结。

12. 年夜饭的习俗在民间代代_______。

13. 各地的年夜饭都要讲究一个好兆头，表达人们对新一年的______期盼。

14. 饺子是北方地区年夜饭的_______。

15. 吃火锅表示新的一年_______。

听力文本

年夜饭：团圆的独特味道

年夜饭，是中国最重要的节日——春节的重头戏。它就好比西方的圣诞节、感恩节大餐，是13亿中国人一年之中最隆重的一顿饭，承载了中国人对家的情结。

年夜饭的来历要追溯到中国上古时代。传说有一种怪兽叫作“年”，在它出来的那天，全家老小聚集在一起，供奉祖先祈求保佑，放鞭炮用声音吓跑“年”，再关上门窗吃“年夜饭”，这就叫“过年”。虽然随着时代的发展，人们早已不迷信怪兽“年”的传说，但年夜饭的习俗还是在民间代代相传。

年夜饭的第一原则是隆重和丰盛。由于中国地域辽阔，各地的饮食习惯不一样，在年夜饭的选择上也各有特点，但都是要讲究一个好兆头，表达人们对新一年的美好期盼。饺子是北方地区年夜饭的主角，因为其形状像元宝，包饺子意味

着包住福运，吃饺子象征生活富裕。有的人家还会在饺子中包硬币，谁吃到硬币就预示着谁来年会拥有好财运。在南方各地，人们习惯吃年糕。因为年糕在中文里的谐音象征着收成一年比一年好，生活水平一年比一年高。中文谐音寓意吉祥的菜式还有很多：吃鱼代表“年年有余”，吃汤圆象征“团团圆圆”，吃甜食表示将来生活美好甜蜜，吃火锅表示新的一年红红火火……虽然年夜饭的菜式不同，但是内涵不变，都体现了一家人渴望团聚的心愿。

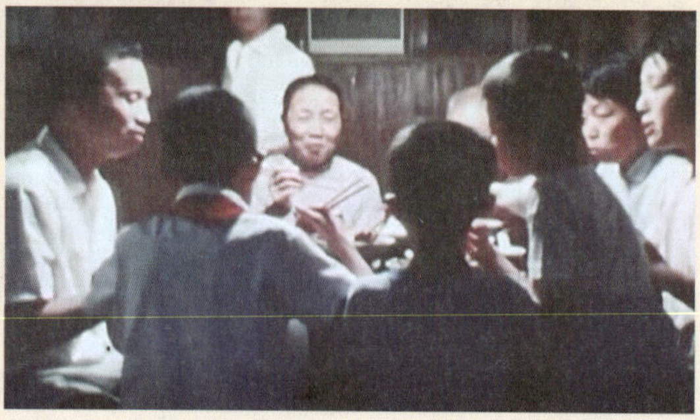

练习答案

阅读

1. D 2. B 3. C 4. A 5. D

6. D 7. F 8. B 9. E

10. 32个；7个

11. 炮则必须隔着一枚棋子才能攻击另一枚棋子

12. 擒贼先擒王

13. 对。楚河汉界印证了象棋起源的军事背景。

14. 错。马走两个方格的对角。

15. 错。将(帅)和士只能在自己一方的大本营活动。

16. 错。卒只能前进不能后退。

17. 对。如“将军”，原指行棋时攻击对方的“将(帅)”。

18. I 19. E 20. D 21. G 22. B

听力

1. B 2. C 3. A 4. D 5. A

6. 对 7. 错 8. 对 9. 错 10. 对

11. 家 12. 相传 13. 美好 14. 主角 15. 红红火火

巴扎，藏着关于新疆的故事

阅读文本

巴扎，藏着关于新疆的故事

从令人垂涎的羊肉串到手工乐器再到银制餐具，蓬勃发展的新疆巴扎是那些喜欢逛街购物的人的一站式商店。但是，巴扎的特殊在于它独特的古韵，那是深深植根于丝绸之路曾经繁华的贸易时代的特别文化和传统。

中国的新疆是古丝绸之路的重要节点。从古至今，往来东西方的商人在此汇聚，形成了繁荣的城市商业文明。在新疆各地，到处都可以见到独具特色的集市形式——巴扎。

巴扎是维吾尔语，意为集市。早在公元前128年，张骞出使西域到达新疆喀什时就曾在日记中写道："这里有很像样的街道和市场店铺，驼队马帮来来往往，杂货纷呈。穿着绚丽服饰的人们说着各种语言……"贸易的繁盛让原本地处大漠以放牧为生的西部人转而从事农业和工商活动。很快，他们成了丝路上最活跃的商人，巴扎也由此形成。

巴扎遍布新疆城乡。因为巴扎是最有人气的地方，所以，每到巴扎日，方圆几十里的群众纷纷前来"赶巴扎"。在这里，你能找到想要的一切：民族风情的毯子、银光闪闪的器具、色彩斑斓的服饰……中西亚商品琳琅满目，美食更是应有尽有：羊肉串、手抓饭、烤包子、各式烤馕，定能让你大饱口福。最不能少的是新疆当地的瓜果。新疆日照充足，果肉甘甜，晒制的干果也别有一番风味，值得一尝。

让巴扎始终充满生命力的还有那些传统手艺人。如果你到巴扎，你会看到烧制土陶的

老爷爷、抡着锤头千万次捶打的铜匠、手工制作传统乐器的少年。几千年的技艺在这里代代相传，根深叶茂。除了买卖贸易，巴扎也成为当地人的情感寄托。维吾尔族人民好歌舞、爱热闹，常相聚在此谈天说地，消磨时光。熙熙攘攘的人潮，叫卖声、讨价声、欢笑声，甚至毛驴的叫声交汇在一起，充满着热腾腾的生活气息，形成一曲最独特的“新疆交响乐”。如果你到了新疆，一定不能错过“赶巴扎”。

阅读练习

一、根据文章的内容，从下面各题的四个选项中选出正确答案。（5 分）

1. 以下哪一个在新疆的巴扎可能买不到？ □

A. 羊肉串　　B. 牛肉串

C. 手工乐器　　D. 银质餐具

2. 巴扎是_____。 □

A. 新疆的一个商店　　B. 新疆淘宝店

C. 新疆古老的集市　　D. 新疆的一个街道

3. 巴扎_____。 □

A. 从公元前 128 年开始　　B. 在公元前 128 年已有

C. 距今已有 3000 年的历史　　D. 距今已有 128 年的历史

4. 新疆喀什曾经是一个_____。 □

A. 大草原　　B. 商业贸易区

C. 工业区　　D. 旅游区

5. 巴扎的出现始于_____。 □

A. 当地热闹的街道　　B. 当地人们的绚丽服饰

C. 当地蓬勃发展的旅游业　　D. 当地的商业贸易活动

二、根据文章的内容，把左边的词语和右边的解释对应起来。（5 分）

6.【第四段】色彩斑斓 □

7.【第四段】琳琅满目 □

8.【第四段】应有尽有 □

9.【第四段】大饱口福 □

10.【第五段】根深叶茂 □

A. 形容东西齐全

B. 形容颜色灿烂的样子

C. 满眼睛看到的都是琳琅

D. 吃饱了

E. 根扎得深，枝叶就长得繁茂

F. 形容眼前美好的东西很多

G. 颜色不整齐

H. 痛痛快快地吃一顿

三、根据文章第四段和第五段，回答下面的问题。（4 分）

11. 在新疆的哪个地区可以找到巴扎？

____

12. 巴扎日会出现什么样的场景？

____

13. 为什么新疆的瓜果特别甜？

____

14. 为什么巴扎的生命力一直在延续？

____

四、根据文章内容，判断下列说法是对还是错，并用文中内容说明理由。（5分）

	对	错
15. 新疆的巴扎充满了独特的文化和传统。 理由：________________	□	□
16. 新疆位于古丝绸之路上。 理由：________________	□	□
17. 在巴扎，你可以买到来自东亚的很多商品。 理由：________________	□	□
18. 巴扎也有各种当地美食。 理由：________________	□	□
19. 巴扎还有交响乐表演。 理由：________________	□	□

五、根据文章的内容，从右边选出最合适的结尾来完成左边的短句。（6分）

20. 巴扎有一种 □

21. 从古至今，往来东西方的商人 □

22. 古时候，张骞访问西域到达 □

23. 很快，他们成了丝路上 □

24. 巴扎也成为当地人的 □

25. 如果你到了新疆， □

A. 在新疆汇聚。

B. 历史感。

C. 最活跃的商人。

D. 一定不能错过“赶巴扎”。

E. 新疆喀什。

F. 重要节点。

G. 城市商业文明。

H. 情感寄托。

I. 说着各种语言。

听力练习

一、根据录音内容，选择正确答案。（5分）

1. 现在的电商都在想方设法吸引______。 □

A. 老年人　　B. 中年人

C. 年轻人　　D. 儿童

2. 在中国，现代的购物方式是______。 □

A. 不出家门　　B. 上网购买

C. 用电脑或电话　　D. 以上三个方式都包括

3. 如果不想自己做饭，可以______。 □

A. 去外面的超市买蔬菜水果　　B. 去外面的餐厅吃

C. 上网请厨师到家里来做饭　　D. 叫家人去厨房做

4. “双十一”是一个______。 □

A. 网购狂欢日　　B. 时装节

C. 时装秀　　D. 直播秀

5. “双十一”体现了______。 □

A. 中国极强的网络速度　　B. 中国的传统产业增长

C. 中国的完善的快递业　　D. 中国的经济活力

二、根据录音内容，判断对错。（5 分）

6. “双十一”是中国最受欢迎的网购日。 □

7. 网上只可以购买商品。 □

8. 现在的中国民众只在网上买东西。 □

9. 现在，旅游和餐饮都可以通过网购实现。 □

10. 很多社会学家都非常关注中国的网购现象。 □

三、根据录音内容填空。（5 分）

11. “双十一”指的是_______月 11 日。

12. 2018 年“双十一”的交易额就高达_______亿元人民币。

13. 在网上花_______块钱买一袋大山里的新鲜空气。

14. 中国绝大部分零售商都在天猫或其他电商平台上开了_______。

15. 2019 年“双十一”的交易额将毫无疑问突破_______元。

听力文本

“双十一”彰显中国消费能力和经济活力

11月11日是中国最火爆的电商促销日和网络购物狂欢日。在那一天，各大电商为了增加销量费尽心思，比如2018年推出时装秀和直播秀等“新玩法”来吸引年轻消费者。据统计，2018年“双十一”的交易额高达2100亿元人民币。

现在，中国的年轻人习惯足不出户，在家里打开电脑或手机，在网上购买需要的商品和服务。除了买衣服之外，还可以购买水果蔬菜，也可以花钱请大厨到家里做一顿晚餐。此外，网络上还有各种你想不到的新奇商品，比如花20块钱买一袋大山里的新鲜空气。

中国绝大部分零售商都在天猫或其他电商平台上开了网店。线上线下的充分融合，加上消费者的网络购物习惯，让“双十一”网购狂欢日呈现出巨大的消费能力。此外，近年来，中国物流行业的发展也为中国电商产业和消费市场的繁荣带来了巨大能量。

而从网购品种和类别的丰富及餐饮、文化、旅游、教育、金融等产品在网络上交易的活跃可以看出，

虽然中国的传统产业增长放缓，但第三产业的活力和消费领域的多样化在不断增强。这让中国在经济增速放缓的背景下，仍然拥有强大的市场潜力。大家普遍认为，2019 年“双十一”的交易额将毫无疑问突破 2500 亿元。

很多经济学家认为，“双十一”不仅仅是“网购现象”，它更是中国消费能力和经济活力的体现。

练习答案

阅读

1. B　2. C　3. B　4. B　5. D

6. B　7. F　8. A　9. H　10. E

11. 新疆各地 / 遍布新疆城乡

12. 方圆几十里的群众纷纷前来“赶巴扎”

13. 因为新疆日照充足

14. 贸易的繁盛、丰富的商品和传统手艺人

15. 对。那是深深植根于丝绸之路曾经繁华的贸易时代的特别文化和传统。

16. 对。中国的新疆是古丝绸之路的重要节点。

17. 错。中西亚商品琳琅满目。

18. 对。美食更是应有尽有：羊肉串、手抓饭、烤包子、各式烤馕。

19. 错。熙熙攘攘的人潮，叫卖声、讨价声、欢笑声，甚至毛驴的叫声交汇在一起，形成一曲最独特的“新疆交响乐”。

20. B　21. A　22. E　23. C　24. H　25. D

听力

1. C　2. D　3. C　4. A　5. D

6. 对　7. 错　8. 错　9. 对　10. 错

11. 11　12. 2100　13. 20　14. 网店　15. 2500 亿

科尔沁：风从草原来

阅读文本

科尔沁：风从草原来

在中国的内蒙古自治区东部有一片辽阔的草原。这里水草丰美，天地苍茫，牛羊信步，马儿嘶鸣。草原上的人世代在这片土地上繁衍生息。这里就是科尔沁大草原。

蒙古语中“科尔沁”意为“带弓箭者”。科尔沁人的祖先是成吉思汗征服欧亚大陆的重要力量，悠久的历史赋予科尔沁草原深厚的文化传统和人文底蕴。辽阔的草原孕育出科尔沁儿女热情好客、乐观豁达的性格。

创作于20世纪50年代的歌曲《敖包相会》是几代中国人记忆中永恒的经典，“敖包”也成了最为知名的草原文化符号。蒙古语中“敖包”指的是人工堆成的用作道路或地界标志的土石堆，以前的蒙古人把它当作神灵的住处来祭祀。“敖包”是草原民族敬畏自然、热爱草原、感恩苍天的产物，是人与自然和谐共生的成果和象征！每逢盛大节日，草原儿女都会穿上华丽的民族服装，来到草原上祭祀敖包。人们围着敖包祈福，口中吟唱颂词，心中充满虔诚。头顶的天空和脚下的草原是他们的家园，敖包则是天地间最重要的坐标，也是他们精神世界最重要的坐标。人们通过祭祀敖包，将心中最纯粹、最美好的期盼向天地诉说。

安代舞是这片草原上世代传承的舞蹈形式，具有鲜明的民族风格和浓郁的生活气息，被称为“蒙古族第一舞”。在科尔沁地区，在喜庆丰收的日子里、在婚嫁和迎宾的宴会上，人们都要跳安代舞。甩巾踏步、拍手叉腰、向前冲跑等潇洒健美的动作将人们心中的热情尽情释放，也将幸福和喜悦生动地传达。

每年8月18日，科尔沁草原上都要举行赛马节，人们在这里娱乐休息，享受赛马带来的快乐，庆祝丰收的喜悦。赛马体现的是草原儿女对勇士和力量的推崇。历史上，当蒙古王爷与军阀勾结妄图侵犯草原时，草原英雄嘎达梅林带领草原儿女英勇抗击，保卫家园。他的英勇故事被写成英雄史诗世代传颂，而他的家园情怀则成为草原儿女的共同情怀。

马头琴是草原上最常见的乐器，因以马为原型制作琴身的头部而得名。马头琴琴声圆润饱满，低回宛转。每当琴声响起，草原上都好像会有一阵风吹起，吹过牛羊也吹过牧马，吹过敖包也吹过草原牧民舞动的衣袖……

阅读练习

一、根据文章的内容，从下面各题的四个选项中选出正确答案。（5分）

1. 科尔沁大草原位于_____。 □

A. 中国的内蒙古自治区　　B. 松辽平原东部

C. 内蒙古自治区西北端　　D. 以上答案都不对

2. “科尔沁”的意思是_____。 □

A. 成吉思汗　　B. 敖包

C. 带弓箭者　　D. 先民

3.《敖包相会》是什么年代的歌曲？ □

A. 1950年　　B. 21世纪50年代

C. 20世纪50年代　　D. 50年代

4. 蒙古语中“敖包”指的是_____。 □

A. 用作地界标志的土石堆　　B. 大草原

C. 古人的住处　　D. 蒙古包

5. 以下哪一个跟敖包没有关系？ □

A. 草原文化符号　　B. 当作神灵的住处来祭祀

C. 带弓箭者　　D. 人与自然和谐共生的成果和象征

二、根据文章的内容，把左边的词语和右边的解释对应起来。（5 分）

6.【第一段】繁衍生息 □

7.【第二段】辽阔 □

8.【第三段】永恒 □

9.【第三段】虔诚 □

10.【第五段】释放 □

A. 非常多的休息

B. 永远不变的

C. 诚实

D. 繁殖后代，以延续血脉

E. 非常广阔

F. 把内含的能量放出来

G. 恭敬而真诚

H. 做事情的恒心

三、根据文章第五段和第六段，回答下面的问题。（4 分）

11. 被称为“蒙古族第一舞”的舞蹈形式叫什么？

____

12. 科尔沁草原上的赛马节在每年的什么时候举行？

____

13. 赛马体现的是什么？

____

14. 英勇抗击军阀、勇敢保卫家园的英雄叫什么名字？

____

四、根据文章内容，判断下列说法是对还是错，并用文中内容说明理由。（5分）

	对	错
15. 科尔沁大草原上有牛有羊有马。 理由：________________	□	□
16. 科尔沁人非常热情好客、乐观豁达。 理由：________________	□	□
17. 草原上的人每天都会穿上华丽的民族服装祭祀敖包。 理由：________________	□	□
18. “蒙古族第一舞”只在喜庆丰收的日子里跳。 理由：________________	□	□
19. 马头琴是内蒙草原不多见的一种民族乐器。 理由：________________	□	□

五、根据文章的内容，从右边选出最合适的结尾来完成左边的短句。（6 分）

20. 悠久的历史赋予科尔沁草原 □

21. 头顶的天空和脚下的草原是 □

22. 人们将心中最纯粹、最美好的期盼 □

23. 这个舞蹈将幸福和喜悦 □

24. 马头琴的琴声 □

25. 每当琴声响起，草原上都好像 □

A. 向天地诉说。

B. 永恒的经典。

C. 生动地传达。

D. 征服欧亚大陆的重要力量。

E. 深厚的文化传统和人文底蕴。

F. 会有一阵风吹起。

G. 他们的家园。

H. 圆润饱满，低回宛转。

I. 向前冲跑。

听力练习

一、根据录音内容，选择正确答案。（5 分）

1. 以下哪一个不是学生出门上学前需要做的事情？ □

A. 起床　　B. 洗脸刷牙

C. 熨衣服　　D. 吃早饭

2. 陈小宝的日常生活_____。 □

A. 完全可以自理　　B. 需要有人整天照顾

C. 只有妈妈可以陪伴　　D. 只可以是爸爸陪伴

3. 陈小宝的父母带着他_____。 □

A. 去北京看医生　　B. 去海南看医生

C. 去南京看医生　　D. 去中国各地看医生

4. 陈小宝的病影响了他的_____。 □

A. 社交能力　　B. 吃饭能力

C. 说话能力　　D. 运动能力

5. 陈小宝的爸爸希望_____。 □

A. 小宝学习成绩优秀　　B. 小宝长高长大

C. 小宝不被社会歧视　　D. 录音没有提及

三、根据录音内容，判断对错。（5 分）

6. 13 岁的陈小宝可以自己洗漱吃饭。 □

7. 陈小宝在两岁的时候开始叫爸爸妈妈。 □

8. “自闭症等于天才”是一个不正确的说法。 □

9. 帮适龄特需儿童找学校上学非常不容易。 □

10. 一个好的生活环境必须是安全和友好的。 □

三、根据录音内容填空。（5 分）

11. 因为患有________，陈小宝缺乏最基本的生活自理能力。

12. 陈小宝一岁多就认识 100 多个汉字和 100 多个________单词。

13.________以后，陈小宝心智发育也停滞不前。

14. 经济条件稍好的家长只好每月花费________把孩子送到封闭式的机构进行训练。

15. 这种封闭式的机构，基本上采用的是________训练。

听力文本

来自星星的孩子

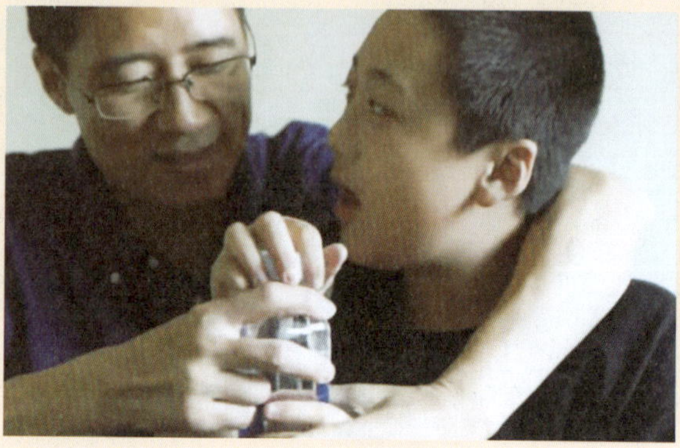

起床、洗漱、吃饭、出门上学，这样的日常生活对于13岁的陈小宝来说，是一个艰难漫长的过程。因为患有自闭症，他缺乏最基本的生活自理能力，需要有人24小时地陪伴和照顾。

小宝曾经是个非常聪明的男孩儿，一岁多就认识100多个汉字和100多个英文单词，远超同龄儿童的表现，被大家认为是“小天才”。然而，两岁以后，陈小宝莫名地开始退步了，连爸爸妈妈都不再叫一声，心智发育也停滞不前。心急如焚的父母跑遍天南海北遍求名医，才知道孩子患病了。

自闭症，又称孤独症，是由于神经系统失调导致的发育障碍，包括不正常的社交和行为能力。很多人都认为自闭症儿童可能很出众，是数字天才、绘画能手或者音乐神童。其实，“自闭症等于天才”是一个很大的误区。医学研究表明，自闭症患者通常分为一般性自闭症和阿斯伯格综合征，前者的智力低于常人，后者智力正常或高于常人。不幸的是，大部分的自闭症儿童属于前者，智力正常的几率很小。自闭症患儿被叫作“星星的孩子”，他们就像天上的星星，在遥远而漆黑的夜空中独自闪烁着。

患自闭症的儿童被普通小学、幼儿园拒之门外的情况非常普遍，经济条件稍好的家长只好每月花费几千元把孩子送到专门的机构进行

训练。这种专门的机构采用的是个别化训练，把自闭症儿童与普通儿童隔离开，再对他们进行强化训练。

提起对未来的憧憬，小宝的父亲希望小宝经过康复培训生活能完全自理，会照顾自己，而且孩子的生活环境是安全友好的，别人能够看到他，知道他不正常，但是不会歧视他和伤害他。

练习答案

阅读

1. A　2. C　3. C　4. A　5. C

6. D　7. E　8. B　9. G　10. F

11. 安代舞

12. 每年8月18日

13. 赛马体现的是草原儿女对勇士和力量的推崇。

14. 嘎达梅林

15. 对。牛羊信步，马儿嘶鸣。

16. 对。辽阔的草原孕育出科尔沁儿女热情好客、乐观豁达的性格。

17. 错。每逢盛大节日，草原儿女都会穿上华丽的民族服装。

18. 错。在喜庆丰收的日子里、在婚嫁和迎宾的宴会上，人们都要跳安代舞。

19. 错。马头琴是草原上最常见的乐器。

20. E　21. G　22. A　23. C　24. H　25. F

听力

1. C　2. B　3. D　4. A　5. C

6. 错　7. 错　8. 对　9. 对　10. 对

11. 自闭症

12. 英文 / 英语

13. 两岁 /2 岁

14. 几千元

15. 个别化

“野性”摄影师

阅读文本

“野性”摄影师

17 年前，野生动物摄影师奚志农在澜沧江流域亲眼目睹了中国最美的大鸟——绿孔雀在天际翱翔的画面，他立刻被大自然的美所震慑。17 年后，当他再次回到当年拍摄绿孔雀的地方，却惊讶地发现这里已经再难寻觅绿孔雀的踪影。为了挽救这个美丽的物种，54 岁的奚志农用他手中的相机开始了保护绿孔雀的工作。

1983 年，奚志农参加云南大学的鸟类考察活动，参与了纪录片《鸟儿的乐园》的拍摄。这是他第一次接触野生动物摄影。随摄影队工作期间，奚志农目睹了传统野生动物摄影对鸟类生活产生的严重影响，对拴鸟拍摄、惊鸟拍摄等摄影手段深感不满，这促使他产生了“不能干扰动物生活”的摄影理念。1990 年，奚志农成为中央电视台《动物世界》的摄影师。

《动物世界》是当时中国最有影响的野生动物专题电视节目。作为摄影师，奚志农两次进入滇南大围山自然保护区和滇西北独龙江自然保护区拍摄野生动物。在云南的拍摄过程中，他看到了许多非法捕猎野生动物的行为，使他坚定了通过镜头唤醒人们环境保护意识的信念。

1992 年，在云南省白马雪山国家级自然保护区，世界自然基金会启动了一项为期三年的滇金丝猴研究计划。奚志农离开了《动物世界》，跟随研究团队进入雪山拍摄滇金丝猴。而在此之前，人们甚至没有拍

摄过一张清晰的滇金丝猴照片。

经过三年的努力，奚志农拍摄出了纪录片《追寻滇金丝猴》。这部片子是人类第一次用摄影机记录滇金丝猴的活动状况，不仅具有非常重要的学术价值，而且具有极高的艺术价值，同时也是进行环境教育的良好教材。之后，这部片子在日本、美国、加拿大等多个电影节、电视节上获得大奖。

迄今为止，奚志农用手上的相机已经拍摄过无数珍稀的野生动物。他立志于用影像推动野生动物的保护工作，用他的话说：“如果你什么都不做，那么连改变的可能都没有。如果你去做了，那你就有可能去影响更多的人。如果能让更多的人也一起来做，那也许能够带来真正的改变。”

如今，当他看到曾经最美的大鸟——绿孔雀已经濒临灭绝时，他再一次站了出来，启动了多个绿孔雀保护计划。他希望能够尽可能地让社会及更多的民众都参与进来，他还希望在不远的将来能够在澜沧江流域再次看到绿孔雀展翅翱翔的身影。

阅读练习

一、根据文章的内容，从下面各题的四个选项中选出正确答案。（5分）

1. 17年前，奚志农被什么画面所震撼？ □

A. 澜沧江　　B. 野生动物

C. 绿孔雀飞翔　　D. 美丽物种

2. 17年后，什么事让奚志农感到惊讶？ □

A. 绿孔雀不见了　　B. 绿孔雀飞翔

C. 澜沧江　　D. 大自然的美

3. 1983年，奚志农参加了哪部纪录片的拍摄？ □

A.《追寻滇金丝猴》　　B.《动物世界》

C.《鸟儿的乐园》　　D. 以上三个都有

4. 奚志农的摄影理念是_____。 □

A. 惊鸟拍摄　　B. 把鸟放在手里拍摄

C. 把动物拴起来拍摄　　D. 勿扰动物生活

5.《动物世界》在中国曾是最有影响的_____。 □

A. 野生动物的电影　　B. 野生动物的连续剧

C. 野生动物专题电视节目　　D. 野生动物专题音乐会

二、根据文章的内容，把左边的词语和右边的解释对应起来。（5分）

6.【第一段】目睹 □

7.【第一段】翱翔 □

8.【第一段】寻觅 □

9.【第二段】手段 □

10.【第二段】干扰 □

A. 飞来飞去

B. 打扰

C. 方法

D. 亲眼看到

E. 眼睛

F. 手里的东西

G. 找到

H. 觅食

三、根据文章第四段和第五段，回答下面的问题。（4分）

11. 滇金丝猴研究计划在哪里实施？

____

12. 滇金丝猴研究计划是由哪个组织负责的？

____

13. 纪录片《追寻滇金丝猴》的拍摄时间是多长？

____

14. 纪录片《追寻滇金丝猴》参加过哪三个国家的电影节和电视节？

____

四、根据文章内容，判断下列说法是对还是错，并用文中内容说明理由。（5分）

	对	错
15. 奚志农第一次接触野生动物摄影是在1980年。 理由：________________________________	□	□
16. 1990年，奚志农作为摄影师参加了中央电视台《动物世界》的拍摄。 理由：________________________________	□	□
17. 奚志农不止一次去云南（滇）自然保护区拍摄野生动物。 理由：________________________________	□	□
18. 奚志农跟随《动物世界》团队进入雪山拍摄滇金丝猴的活动。 理由：________________________________	□	□

	对	错
19. 奚志农已经用摄像机拍摄过无数珍稀的野生动物的影视。 理由：________________	□	□

五、根据文章的内容，从右边选出最合适的结尾来完成左边的短句。（6分）

20. 奚志农目睹了传统野生动物摄影 □

21. 他决定通过镜头唤醒人们 □

22. 这部片子不仅具有重要的学术价值， □

23. 他用影像推动野生动物的 □

24. 如果你什么都不做， □

25. 他希望在不远的将来能够再次看到 □

A. 保护工作。

B. 环境保护的意识。

C. 对鸟类生活产生的严重影响。

D. 绿孔雀的身影。

E. 而且具有极高的艺术价值。

F. 那你就有可能去影响更多的人。

G. 那么连改变的可能都没有。

H. 也是进行环境教育的良好教材。

I. 人们甚至没有拍摄过一张清晰的滇金丝猴照片。

听力练习

一、根据录音内容，选择正确答案。（5分）

1. 下面哪一个不是用来描写何伟的？ □

A. 看上去很腼腆　　B. 戴运动帽

C. 长头发　　D. 非常爱讲话

2. 何伟是一个_____。 □

A. 业余成人滑雪运动员　　B. 职业成人滑雪运动员

C. 业余少年滑雪运动员　　D. 职业少年滑雪运动员

3. 何伟在一次滑雪训练中_____。 □

A. 摔断了腰椎　　B. 摔断了胳膊

C. 摔断了双腿　　D. 摔断了双脚

4. 受伤后的何伟_____。 □

A. 不可以吃饭　　B. 不可以写字

C. 不可以说话　　D. 不可以走路

5. 受伤后的何伟_____。 □

A. 不再练滑雪　　B. 继续练滑雪

C. 开始做教练　　D. 放弃滑雪了

二、根据录音内容，判断对错。（5分）

6. 何伟是世界单板滑雪冠军。 □

7. 何伟参加的比赛都是U型池滑雪大赛。 □

8. 何伟有自己的经理人帮他做训练计划。 □

9. 严重的伤病在何伟的心里留下了阴影。 □

10. 意外导致的伤病令何伟在心理上更加成熟。 □

三、根据录音内容填空。（5分）

11. 27岁的何伟留了一头长发，喜欢戴_______帽。

12. 何伟是中国水平最高的职业_______选手之一。

13. 何伟最早是学习_______的。

14. _______年，在一次滑雪训练时，何伟摔断了腰椎。

15. 整个康复过程用了整整_______时间。

听力文本

冰雪单板梦

27 岁的何伟留了一头长发，喜欢戴一顶运动帽，看上去像个腼腆的大男孩儿。但在中国单板滑雪界，他已经是响当当的人物，不仅是国际滑雪运动员排行榜中积分最高的中国籍滑手，更是在近几年横扫中国各项障碍技巧滑雪赛事的冠军。

对于接触单板最初的原因，何伟笑着告诉记者："最早我是学习武术的，后来在滑雪运动队选人的时候，我才开始练滑雪，而且一练就是三年。当时我练的是 U 型池，但随后感觉自己并不是很适合，就选择了障碍技巧滑雪项目。我觉得障碍技巧滑雪非常有挑战性，很适合我，所以就一直坚持到现在。"

"最初他们都不看好我成为职业选手，但我一直都相信自己可以！"对于职业单板滑雪选手来说，"上雪时间"和"公里数"是保持良好状态的秘诀。为了保证这两项指标，何伟从几年前便开始奔波：自己拜访名师、自己安排训练计划、寻找赞助商、选择参赛。多年来，何伟曾出现在世界上很多知名的滑雪场。

2011 年，在一次滑雪训练时，他摔断了腰椎。这个突如其来的伤病险些断送了他的滑雪梦想。"这是非常危险的伤病。整个康复过程用了整整一年时间。"这次事故在何伟心里留下了很深的

阴影。“虽然我是在做自己喜欢的运动，但是它给我带来这么严重的伤病，到底值不值？经过思考，最后我觉得还是不能轻易放弃我喜欢的东西。”

受伤、阴影、磨练、突破，从头再来的何伟几乎重新经历了一名滑雪选手从新手到高手的全过程。正是这样的磨砺，让他在身体和心理上都更加成熟。“不管什么时候，滑雪这项运动对我来说，都有永远追求不完的那个高度，我觉得它是我一辈子的追求。”

练习答案

阅读

1. C　2. A　3. C　4. D　5. C

6. D　7. A　8. G　9. C　10. B

11. 云南省白马雪山国家级自然保护区

12. 世界自然基金会

13. 三年

14. 日本、美国、加拿大

15. 错。1983 年

16. 对。1990 年，奚志农成为中央电视台《动物世界》的摄影师。

17. 对。奚志农两次进入滇南大围山自然保护区和滇西北独龙江自然保护区拍摄野生动物。

18. 错。奚志农离开了《动物世界》，跟随研究团队进入雪山拍摄滇金丝猴的活动。

19. 错。奚志农用手上的相机已经拍摄过无数珍稀的野生动物。

20. C　21. B　22. E　23. A　24. G　25. D

听力

1. D　2. B　3. A　4. D　5. B

6. 错　7. 错　8. 错　9. 对　10. 对

11. 运动

12. 滑雪

13. 武术

14. 2011 年

15. 一年

“遥远来的”厦门人

阅读文本

"遥远来的"厦门人

潘维廉教授的寓所就在厦门大学里的半山坡上，是一处名副其实的"面朝大海、春暖花开"的房子，房子旁还有他亲手修建的花园。那里花草环绕，竹木茂盛。自从 1988 年来到厦门后，潘维廉就一直住在这里。

潘维廉的美国名字是维廉·布朗，他曾经是一名美国空军士兵。退役后，他在美国与台湾出生并长大的美国女孩儿苏珊一见钟情。他们的红娘可以说是"中国"，因为他们都热爱中国。1988 年，32 岁的潘维廉举家从美国来到厦门。他在厦门大学任教，时间长了，他的朋友和学生们都称呼他"老潘"。

为什么会来中国？老潘说了一个词——"缘分"。他说，那时候他下了个决心来中国，所以就和太太带着两个儿子来到了这里。刚开始他只是计划在这座城市学一两年中文，然后去别的地方。结果一来他就爱上了这座城市和这里的人，而且在这里一待就是 30 年。关于厦门，老潘有很多有意思的回忆。他告诉记者，他在厦门买的第一辆"车"，是一辆三轮车。在那个年代，买车还需要工作单位开一封介绍信，证明购买者不会用这车来"赚钱"。没想到，老潘刚把三轮车骑上路就遇到一对情侣上前询价："请问到市区中山公园多少钱？"

1994 年，老潘为了更好地了解中国，决心买辆

汽车带着两个孩子到中国各地旅游。他们的旅程历时三个多月，行程三万多公里。他们从厦门出发，经东部沿海一路向北再向西，又从青海一路南下到海南岛……这趟旅行不仅让

老潘一家更深入地了解到中国的现实国情，也让他们对中国的未来发展抱有信心："那个时候中国经济其实还不是太好，但在一些偏远落后的地区，政府已经开始为老百姓修路、建医院、盖学校，这种基建说明了中国政府关于发展的长远眼光。"

一晃三十年，当初一头金发的美国青年已经变成了带有浓厚中国味儿的"厦门老头儿"。在这些年中，老潘可谓是"成绩斐然"。他除了担任厦门大学工商管理教育中心外国专家、教授之外，还成为了福建省第一位持"中国绿卡"的外国人。除此之外，老潘还获得了厦门市荣誉市民、福建省荣誉公民等称号。走在大街上，很多厦门市民都可以认得出这位"洋大叔"，他也自称是"遥远来的"厦门人。

因为巨大的文化差异，潘维廉来中国后，很多美国亲友都不理解。为了让亲人们放心，从来中国伊始，潘维廉每月都会给家里写一封信，并在信里配上他自己画的简笔小画，图文并茂地"报告"他在中国的见闻和生活情况。这份执着收到了回报，很多年后，远在美国的家人朋友终于理解了他的选择。后来，他将这些私人信件编辑成书出版，就有了《我不见外——老潘的中国来信》。这本书从一个长期在华生活的外国人的特别视角，记录和展现了中国改革开放的历史进程和伟大变革。

谈到未来，老潘说："我决定在厦门终老，如果没有人赶我走的话，我会一辈子生活在厦门，下辈子也会在这里。"说到这里，老潘一脸笑意。

阅读练习

一、根据文章的内容，从下面各题的四个选项中选出正确答案。（5分）

1. 潘维廉的家位于_____。 □

A. 山脚下　　B. 山顶

C. 半山腰　　D. 山的附近

2. 下面哪一个是潘维廉教授家的花园里没有的？ □

A. 鱼池　　B. 绿草

C. 鲜花　　D. 竹子

3. 潘维廉是哪里人？ □

A. 中国人　　B. 厦门人

C. 台湾人　　D. 美国人

4. 潘维廉是在哪里跟他太太认识的？ □

A. 美国　　B. 厦门

C. 台湾　　D. 中国

5. 潘维廉的家一共有几口人？ □

A. 2 口人　　B. 3 口人

C. 4 口人　　D. 5 口人

二、根据文章的内容，把左边的词语和右边的解释对应起来。（5分）

6.【第一段】名副其实 □
7.【第二段】一见钟情 □
8.【第三段】缘分 □
9.【第五段】成绩斐然 □
10.【第六段】图文并茂 □

A. 两个陌生的男女第一次见面就喜欢上了对方
B. 取得了突出的成绩
C. 一看见那个钟就喜欢上了
D. 原因
E. 一种人与人之间无形的连结
F. 名声与实际是一样的
G. 成绩不太好
H. 有图片，也有文字，使内容丰富多彩

三、根据文章第四段，回答下面的问题。（4分）

11. 为了旅游，老潘在哪一年买了辆车？

____

12. 老潘一家用了多长时间去旅游？

____

13. 老潘一家在中国旅游时去过的最南边的地方叫什么？

____

14. 在中国的旅行让老潘一家了解到了什么？

____

四、根据文章内容，判断下列说法是对还是错，并用文中内容说明理由。（5分）

	对	错
15. 潘维廉第一次来中国的时候还只是一个年轻人。 理由：________________	□	□
16. 老潘在厦门大学当教授。 理由：________________	□	□
17. 潘维廉还没有拿到中国的“绿卡”。 理由：________________	□	□
18. 潘维廉的亲友在他决定搬到中国时全都非常支持他。 理由：________________	□	□
19. 后来别人把潘维廉的故事编成《我不见外——老潘的中国来信》。 理由：________________	□	□

五、根据文章的内容，从右边选出最合适的结尾来完成左边的短句。（6 分）

20. 潘维廉曾经是一名 □

21. 潘维廉只是计划在这座城市学 □

22. 以前，在中国买车需要工作单位开 □

23. 他们对中国的未来发展 □

24. 政府为老百姓建医院 □

25. 很多厦门市民都可以认得出 □

A. 美国空军士兵。

B. 一封介绍信。

C. 和盖学校。

D. 一两年中文。

E. 他的选择。

F. 特别视角。

G. 抱有信心 。

H. 这位“洋大叔”。

I. 在厦门终老。

听力练习

一、根据录音内容，选择正确答案。（5分）

1. 李炳渊家里有_____。 □

A. 六个兄弟姐妹　　B. 六个妹妹

C. 六个弟弟　　D. 六个姐妹

2. 李炳渊家里有谁喜欢武术？ □

A. 大哥　　B. 二哥

C. 三哥　　D. 四哥

3. 下面哪一个比赛在录音中没有提到？ □

A. 全国武术比赛　　B. 全国传统武术锦标赛

C. 北京大学生武术锦标赛　　D. 世界武术锦标赛

4. 李炳渊认为，动作电影演员_____。 □

A. 一定要身怀真功夫　　B. 一定要有视觉享受

C. 一定要打开新的动作纪元　　D. 一定要有新的动作片理念

5. 李炳渊的理想是_____。 □

A. 多赚钱　　B. 生活安逸

C. 做动作片的动作替身　　D. 把动作片继续做下去

二、根据录音内容，判断对错。（5分）

6. 李炳渊的家庭背景非常普通。 □

7. 李炳渊的大哥最爱看武打电影。 □

8. 李炳渊的武术技能比不过别人。 □

9. 李炳渊认为中国武打片需要改变。 □

10. 李炳渊决心永远做动作替身。 □

三、根据录音内容填空。（5分）

11. 李炳渊从小对_______有着浓厚的兴趣。

12. 李炳渊后来以优异成绩考上首都_______学院。

13. 李炳渊曾经做过甄子丹和_______的动作替身。

14. 2006年，李炳渊出演古装武侠剧《_______传奇》。

15. 现在李炳渊最想拍的一部_______就是《中国斗士》。

听力文本

功夫小子的电影梦

李炳渊出生在山东菏泽一个非常普通的家庭，家中有六个兄弟姐妹。受二哥的影响，他也从小对武术有着浓厚的兴趣，尤其是小时候看功夫片，更坚定了他学习武术的决心。11岁开始习武的他很快就释放出过人的天赋，不仅以优异成绩考上首都体育学院，更是多次在全国武术比赛中获奖，取得过全国传统武术锦标赛剑术第一名、北京大学生武术锦标赛剑术第一名的好成绩。

机缘巧合下，这位“功夫小子”以动作替身的身份进入影视圈，从此他就与这个行业结下了不解之缘。李炳渊第一年就为电影《七剑》中的甄子丹做替身，参演的第二部电影就是李连杰的《霍元甲》。给两位功夫明星做动作替身，李炳渊觉得这对他来说非常幸运。他可以跟他心目中的偶像零距离接触，更重要的是可以在电影里面看到他的身影，虽然他并没有露脸。

过人的身手加上敬业精神，李炳渊很快就在银幕上“露脸”了。2006年，李炳渊出演古装武侠剧《少林寺传奇》，正式进入观众的视野，在行业里崭露头角。此后，李炳渊先后出演了《李小龙传奇》《龙门飞甲》《智取威虎山》等影片中的角色，凭借其正义凛然的气质收获了很多粉丝。

身怀真功夫的李炳渊认为：中国动作电影需要改变，动作电影就

要凭真功夫，这样拍出的动作电影才能给人真实的视觉感受。他拍的电影，一定要让观众感受到“疼”，那种身临其境的疼痛感，他认为那才是中国动作片的突破。未来，他打算拍一部名为《中国斗士》的功夫电影。

“多赚钱、生活安逸，这不是我想要的人生。将来如果实现不了我的人生价值，哪怕赚再多的钱我也不会开心，人生都没有什么意义。我要把动作片继续做下去，永远做下去，我这辈子只要做好这么一件事情就可以了！”李炳渊说。

练习答案

阅读

1. C　2. A　3. D　4. A　5. C

6. F　7. A　8. E　9. B　10. H

11. 1994 年

12. 三个多月

13. 海南岛

14. 中国的现实国情

15. 对。一晃三十年，当初一头金发的美国青年已经变成了带有浓厚中国味儿的“厦门老头儿”。

16. 对。除了担任厦门大学工商管理教育中心外国专家、教授之外……

17. 错。老潘还成为了福建省第一位持绿卡的外国人。

18. 错。潘维廉来中国后，很多美国亲友都不理解。

19. 错。他将这些私人信件编辑成书出版，就有了《我不见外——老潘的中国来信》。

20. A　21. D　22. B　23. G　24. C　25. H

听力

1. A　2. B　3. D　4. A　5. D

6. 对　7. 错　8. 错　9. 对　10. 错

11. 武术

12. 体育

13. 李连杰

14. 少林寺

15. 动作片

陆文婕：
从“双料女博士”到自由潜“女神”

阅读文本

陆文婕：从“双料女博士”到自由潜“女神”

陆文婕从北大毕业后赴美国继续求学，因海底科考而结缘自由潜水运动，并为之着迷。如今，这位双料女博士不仅是基因药理学的咨询师，还是自由潜水中国女子全六项国家纪录保持者。

第一次自由潜水，是她去夏威夷的一个珊瑚礁的洞穴下面采集一些海藻的标本。“那会儿憋不住气，控制不好浮力，重心不稳，老是会撞到头，气很短，特别容易慌张。开始学习自由潜水以后才知道，从生理上感受到的呼吸欲望是非常正常的。”

原来，“呼吸欲望”是每个人都会感受到的，真正的哺乳动物的潜水反射是在呼吸欲望产生之后才被触发的。这时，心率会减慢，新陈代谢速率会减慢，氧气消耗会减少。也就是在这时，闭气才真正地开始。

从自己琢磨练习到上培训班，陆文婕的屏气时间从开始的不到1分钟提高到了6分钟，成绩提高的速度就连她自己都感到十分惊讶。陆文婕慢慢体会到了自由潜水的魅力，“原来自由潜水是可以让人这么放松的，让人把自己的焦虑感、恐惧感全部抛到脑后，像是达到了一个非常美好的境界。这是在平时工作、学习过程中从来没有经历过的感受。”此后，陆文婕尝试去参加国

际比赛，比赛成绩也是屡屡“令人惊讶”。目前，她是中国女子自由潜水全部六项纪录的保持者，被外国媒体形容为“创造中国纪录的机器”。

对于陆文婕来说，自由潜水不仅是一项简单的爱好，它还是一个最具挑战性的事情。自由潜水的收获感和成就感是无法从别的事情上获得的。陆文婕说：“有人问我，女生为什么要这么拼命去挑战极限？我觉得生活就是这样，我们只活一次，生命是很短暂的，时间那么宝贵，我们要追求自己的愿望，追求自己的理想。”

现在，陆文婕已成为了自由潜水俱乐部的教练。在教授训练课程的同时，有生命科学专业知识的陆文婕还在体会自由潜水带给人的更多意义。有很多科研报道说，自由潜水对于创伤后的心理障碍、抑郁症、焦虑症等有一定的治疗作用。自由潜水运动用到了平时人们不经常用的呼吸的肌肉群组，能更好地提高身体的运动状态。陆文婕说：“希望大家通过自由潜水这项运动，不仅能找到乐趣，还能够收获到一些和自己生活、工作相关的益处。”

阅读练习

一、根据文章的内容，从下面各题的四个选项中选出正确答案。（5分）

1. 陆文婕在哪方面成为了纪录保持者？ □

A. 海底科考　　B. 基因药理

C. 去美国求学　　D. 自由潜水

2. 下面哪一项不是陆文婕第一次自由潜水的感受？ □

A. 憋不住气　　B. 重心不稳

C. 容易慌张　　D. 手脚麻木

3. 陆文婕的屏气时间最多可以达到_____。 □

A. 1 分钟　　B. 3 分钟

C. 4 分钟　　D. 6 分钟

4. 陆文婕认为自由潜水可以让人_____。 □

A. 紧张　　B. 焦虑

C. 恐惧　　D. 放松

5. 现在，陆文婕已成为_____。 □

A. 自由潜水世界冠军　　B. 自由潜水俱乐部的教练

C. 自由潜水俱乐部的学员　　D. 自由潜水世界纪录保持者

二、根据文章的内容，把左边的词语和右边的解释对应起来。（5 分）

6.【第三段】新陈代谢 □

7.【第四段】屡屡 □

8.【第五段】极限 □

9.【第五段】短暂 □

10.【第六段】教练 □

A. 最大程度

B. 限制

C. 训练别人掌握某种技能的人

D. 身体里新物质代替旧物质的过程

E. 暂时的

F. 重复出现

G. 练习

H. 时间不长

三、根据文章第四段到第六段，回答下面的问题。（4 分）

11. 陆文婕参加国际比赛的成绩怎么样？

____

12. 外国媒体用什么来形容陆文婕的成就？

____

13. 陆文婕认为自由潜水是一件什么样的事情？

____

14. 很多科研报道对自由潜水有什么说法？

____

四、根据文章内容，判断下列说法是对还是错，并用文中内容说明理由。（5 分）

	对	错
15. 陆文婕从美国毕业后回国来到北大继续学习。 理由：______	□	□
16. 陆文婕第一次自由潜水是为了到海底珊瑚礁的洞穴下面采集海藻标本。 理由：______	□	□
17. “呼吸欲望”是除了人之外的所有哺乳动物都会感受到的。 理由：______	□	□
18. 陆文婕觉得自由潜水绝不止是一项简单的爱好。 理由：______	□	□
19. 陆文婕学过生命科学，所以可以体会到自由潜水带给人的更多意义。 理由：______	□	□

五、根据文章的内容，从右边选出最合适的结尾来完成左边的短句。（6分）

20. 陆文婕因海底科考而结缘 □

21. 从生理上感受到的呼吸欲望是 □

22. 陆文婕慢慢体会到了 □

23. 自由潜水的收获感和成就感是 □

24. 我们要追求自己的愿望， □

25. 自由潜水运动不仅能让大家找到乐趣， □

A. 自由潜水的魅力。

B. 追求自己的理想。

C. 有一定的治疗作用。

D. 运动状态。

E. 自由潜水运动。

F. 无法从别的事情上获得的。

G. 而且时间那么宝贵。

H. 非常正常的。

I. 而且能让大家收获到一些和自己生活、工作相关的益处。

听力练习

一、根据录音内容，选择正确答案。（5分）

1. 小汤圆的拳击动作＿＿＿。 □

A. 非常标准　　B. 不太标准

C. 不标准　　D. 太不标准

2. 小汤圆的爸爸喜欢＿＿＿。 □

A. 打工　　B. 拳击

C. 视频聊天　　D. 跑步

3. 小汤圆兄妹俩的梦想是什么？ □

A. 上大学　　B. 跟爸爸去打工

C. 成为拳击运动员　　D. 有父母陪伴

4. 小汤圆每天怎么上学？ □

A. 坐车　　B. 跑步

C. 骑车　　D. 以上选项都不是

5. 小汤圆的爸爸每天跟孩子视频沟通，因为他要＿＿＿。 □

A. 教孩子功课　　B. 监督孩子做作业

C. 有休息的时间　　D. 监督孩子练习拳击

三、根据录音内容，判断对错。（5 分）

6. 小汤圆和她的哥哥每天在专业场地练习拳击。 □

7. 小汤圆的家乡离城市非常远。 □

8. 小汤圆从一开始就爱上了拳击运动。 □

9. 小汤圆的爸爸虽然不在家，但也通过视频电话给孩子鼓励。 □

10. 农村留守儿童非常渴望父母的爱和陪伴。 □

三、根据录音内容填空。（5 分）

11. 最近，“________拳击小魔女”小汤圆走红了网络。

12. 视频中，小汤圆和________在对打拳击。

13. 小汤圆出生在贵州的一个________。

14. 小汤圆的父母常年________，所以，小汤圆就成了一个农村留守儿童。

15. 截至 2018 年 9 月，中国有________万农村留守儿童。

阅读文本

拳击小魔女走红网络：“留守童年”可以不一样

最近，“8岁拳击小魔女”小汤圆走红了网络。视频中，她和哥哥对打拳击，虽然没有专业场地和专业装备，但小汤圆却动作敏捷，一招一式有模有样。

小汤圆出生在贵州的一个小山村，父母常年在外打工，所以，小汤圆就成了一个农村留守儿童。小汤圆的父亲爱好拳击，每次回到家乡时，他就教儿子和女儿拳击。他认为“拳击是一项很有正能量的运动”。经过爸爸的指导，小汤圆从开始的不喜欢到逐渐爱上了拳击，也展现出了一定天赋。

现在，小汤圆和哥哥每天都坚持练拳击。训练器材少，他们就把跑步上学当成训练。爸爸也会每天跟孩子们视频一到两个小时，既监督他们训练，也跟他们沟通感情。小汤圆和哥哥都说，希望能成为专业拳击运动员。

梦想对于留守儿童来说格外重要。截至2018年9月，中国有697万农村留守儿童，其中大多数孩子看到的都是父母辈的务农、打工的生活方式，没有梦想。对小汤圆和哥哥来说，拳击是他们的梦想，也代表着新生活的样貌。从戴上拳套的那一刻起，他们的生活便从此点亮。

小汤圆爸爸的做法也值得赞扬。他每天跟孩子视频沟通，给孩子们陪伴和鼓励，这对孩子们健康成长至关重要。比起物质条件，农村留守儿童更需要的其实是父母的爱与陪伴。梦想加陪伴，会让越来越多的留守儿童像小汤圆一样去追求不一样的人生。

练习答案

阅读

1. D　2. D　3. D　4. D　5. B

6. D　7. F　8. A　9. H　10. C

11. 令人惊讶

12. 创造中国纪录的机器

13. 最具挑战性的事情

14. 自由潜水对于创伤后的心理障碍、抑郁症、焦虑症等有一定的治疗作用。

15. 错。陆文婕从北大毕业后赴美国继续求学。

16. 对。第一次自由潜水，是她去夏威夷的一个珊瑚礁的洞穴下面采集一些海藻的标本。

17. 错。“呼吸欲望”是每个人都会感受到的。

18. 对。自由潜水不仅是一项简单的爱好，它还是一件最具挑战性的事情。

19. 对。有生命科学专业知识的陆文婕还在体会自由潜水带给人的更多意义。

20. E　21. H　22. A　23. F　24. B　25. I

听力

1. A　2. B　3 .C　4. B　5. D

6. 错　7. 对　8. 错　19. 对　10. 对

11. 8 岁

12. 哥哥

13. 偏远山村

14. 在外打工

15. 697

出版策划：王君校　韩　晖
统筹协调：付　眉　韩　颖　彭　博
策划编辑：张　超
责任编辑：杨　晗
封面设计：几何创想
印刷监制：汪　洋

图书在版编目（CIP）数据

IBDP 中文 B 听读精练・SL・2 / 冯薇薇主编．-- 北京：华语教学出版社，2020.5
ISBN 978-7-5138-1953-4

Ⅰ．① I… Ⅱ．①冯… Ⅲ．①汉语—听说教学—对外汉语教学—教学参考资料 Ⅳ．① H195.4

中国版本图书馆 CIP 数据核字（2020）第 044823 号

本册图书中的阅读及听力文本由中国网提供。

IBDP 中文 B 听读精练・SL・2
冯薇薇　主编
*

华语教学出版社有限责任公司出版
（中国北京百万庄大街 24 号　邮政编码 100037）
电话：(86)10-68320585, 68997826
传真：(86)10-68997826, 68326333
网址：www.sinolingua.com.cn
电子信箱：hyjx@sinolingua.com.cn
大厂回族自治县彩虹印刷有限公司印刷
2020 年（16 开）第 1 版
2020 年第 1 版第 1 次印刷
ISBN 978-7-5138-1953-4
006900